RAPPORT

SUR UNE

EXCURSION DANS LES STEPPES KIRGHYZS

DE LA SIBÉRIE OCCIDENTALE

DANS LE TERRITOIRE OCCUPÉ PAR LES MINES ET CONCESSIONS

De S. N. POPOFF

Par M. A. GOUROFF

Géologue, Professeur à l'Université de Ckarkoff (Russie)

PARIS

IMPRIMERIE CENTRALE DES CHEMINS DE FER

A. CHAIX & Cie

RUE BERGÈRE, 20, PRÈS DU BOULEVARD MONTMARTRE

1879

SOMMAIRE

RAPPORT

SUR UNE

EXCURSION DANS LES STEPPES KIRGHYZS

DE LA SIBÉRIE OCCIDENTALE

DANS LE TERRITOIRE OCCUPÉ PAR LES MINES ET CONCESSIONS

De S. N. POPOFF

1

Conditions géographiques des steppes des Kirghizs dans la Sibérie occidentale en général. — Orographie. — Climat. — Les habitants.

L'OROGRAPHIE

L'espace occupé par les districts de Sémipalatinsk et d'Akmolinsk dans la Sibérie occidentale se nomme : « les steppes des Kirghyzs ». La longitude orientale des steppes est 85° — 97° ; la latitude septentrionale 43° — 54°. Ces steppes ont pour limites : à l'Orient le fleuve Irtysch, à l'occident celui de Sary-Sou) et les affluents d'Irtysch. (De ce côté elles touchent les régions de Tourguaïsk et d'Orenbourg.) Au sud les steppes sont limitées par le lac Balchasch et la steppe sablonneuse Bed-Pak-Dala. Tout cet espace énorme de 900 verstes de large et de long, et d'une superficie de 810,000 verstes carrées, présente, dans ces parties occidentales, près l'Oural, et à l'est et au sud-est près de l'Altaï et les monts du Turkestan, un caractère tout à fait distinct et qui constitue une continuation naturelle des plaines de l'Obi allant jusqu'à l'Océan glacial, et les plaines sablonneuses de Tourguaïsk, de la mer d'Aral et de la mer Caspienne. Nous verrons, par la suite, qu'à une époque géologique relativement récente, ces steppes constituaient le fond d'un bras de mer (entre l'Oural et l'Altaï), réunissant les mers d'Aral et Caspienne avec l'Océan glacial. Ces conditions géologiques particulières de la formation des steppes leur ont imprégné un cachet tout particulier. En effet les steppes sont remplies de terrains sablonneux, de lacs salés et de salines.

En traçant une ligne depuis la ville de Pawlograd, par la ville d'Akmolinsk jusqu'au lac Denguis nous partagerons les steppes en deux parties bien distinctes. La partie nord représentera les *steppes basses*, la partie sud représentera les *steppes élevées*, ou plutôt les *steppes à collines élevées;* ces dernières se perdent insensiblement à l'occident dans l'Altaï, au delà de Semipalatinsk.

La partie nord des *steppes basses* présente un terrain fertile, couvert de tourbe, de forêts de bouleaux, de sapins et de lacs. Les *steppes à collines élevées* sont remplies d'une quantité de lacs et coupées par des chaînes de montagnes de peu d'élévation, elles sont parsemées de volcans isolés (de la hauteur de 50 à 200 mètres). (Baïan-Aoul, Karkarali, Kou-Ou, Outsch-Chatik et autres.) Les chaînes de montagnes des districts des Karkaralinsk, et celui de Pawlagradsk rappellent, en petit, quant à leur construction géologique et la direction des chaînes séparées, les monts Altaï. La direction de ces chaînes du N.-O. au N.-E. est à peu près celle des chaînes séparées de l'Altaï.

Si, en partant du nord, nous nous dirigeons vers Baïan-Aoul, nous remarquerons que le terrain devient de plus en plus accidenté, qu'il est entrecoupé de collines d'une forme oblongue régulière, ces collines s'éloignant de plu en plus, en même temps que les steppes deviennent plus élevées. Le nivellement barométrique depuis Pawlogradsk jusqu'à l'usine de Bogoslowski accuse l'élévation de ce terrain à 627 mètres (312 sagènes) au-dessus du niveau du fleuve Irtisch.

Les chaînes des collines se composent principalement de roches granitiques, et les volcans isolés contiennent le porphyre. L'impression générale produite par les steppes septentrionales peut être comparée à celle de la surface de l'eau bouillante. Les sommets sont détruits et recouverts de débris innombrables de pierres et souvent garnis de forêts de sapins. Les pieds des roches de granit et de porphyre sout généralement dénudés et très polis, ce qui démontre l'influence prolongée et puissante de l'eau les recouvrant jadis. Nous voyons que c'est là que furent les limites de l'Océan, parce que le polissage des pierres par l'eau se voit sur les roches isolées.

Cette région montagneuse atteint son point culminant d'élévation dans le district de Karkaralinsk. Les montagnes de cette région se dirigeant vers l'ouest déterminent le cours des eaux : à l'est ce sont les affluents de l'Irtysch, à l'ouest les affluents de l'Ichym, au sud les rivières du lac Balkasch. Ces monts séparent les vallées basses et sablonneuses, situées entre Balkasch et les monts du Turkestan, de la plaine septentrionale.

Le terrain de la partie sud du gouvernement de Tobolsk
(le nord des steppes) est en partie marécageux, parfois
recouvert de forêts de sapins et d'arbres à feuilles persis-
tantes ; il s'y rencontre par place des salines et de la terre
végétale.

Dans les steppes mêmes, le sol (notamment dans les
régions d'Akmolinsk et de Semipalatinsk) est pierreux et
recouvert de gravier, provenant de la décomposition des
roches granitiques ; et ce n'est que dans les vallées flu-
viales que le sol devient fertile. Au printemps les endroits
bas sont remplis d'eau salée qui, s'évaporant pendant
l'été, laisse des croûtes de sel.

Les steppes des Kirghyzs sont parcourues par les grands
fleuves : l'*Irtysch*, affluent de l'Obi, et l'*Ipchym*, affluent de
l'Irtysch ; d'autres rivières se jettent soit dans ces deux
fleuves, soit dans le lac Balkasch et autres lacs intérieurs. En outre, il y a des *rivières des steppes* qui
prennent naissance dans les sables et se perdent après
avoir parcouru un certain espace, ou bien se jettent dans
les lacs n'ayant pas d'issues.

Quant aux *sources* proprement dites, on n'en rencontre
que dans la partie sud et montagneuse des steppes ;
l'absence des sources dans la partie septentrionale des
steppes s'explique par la présence dans ces régions de
fortes couches d'alluvion et leur position horizontale.
Nous voyons, au contraire, dans le sud, les formations
géologiques bien plus anciennes, et qui, en changeant
leur position horizontale, ont réuni les conditions néces-
saires à la formation des sources.

Il y a deux espèces de *lacs intérieurs : lacs des steppes* et
lacs des montagnes ; les premiers ont des rives plates qui
se perdent insensiblement dans les steppes ; les seconds
ont des rives rocheuses et pittoresques. Ces derniers

contiennent toujours de l'eau douce, tandis que les premiers ont très souvent l'eau très salée ou même amèrement salée. Les lacs minéraux contiennent en dissolution le sel (Na Cl.), sel de Glauber (Na So), la soude (Na Co) et autres. En été, les marais salés se recouvrent d'une croûte de sel, ayant l'apparence de la glace; les habitants en usent sans payer de droits.

L'élaboration d'un poud de sel (16 kil.) revient à 2 copecks. Le droit n'est perçu que lorsque le sel arrive à Pawlodar (au delà de l'Irtysch); il est de 25 cop. (75 centimes environ) par poud. Ces lacs, par leurs eaux et leurs marais, jouissent de propriétés curatives dans les maladies scrofuleuses, dans les rhumatismes et les maladies vénériennes. Quelques-uns de ces lacs atteignent des dimensions considérables, comme, par exemple celui, du Balkach, mesurant 500 verstes (600 kilom. environ, de circonférence.

Quant à l'origine des lacs salés, ce sont à mon avis, les restes de la mer ancienne, qui réunissait l'Océan glacial avec les mers d'Aral, Caspienne et la mer Noire. Ce sont probablement, des enfoncements et des cavités de l'ancienne mer, qui sont restés remplis des eaux salées, faute d'écoulement. Ce qui confirme cette hypothèse, c'est le fait, que tous les lacs d'ici, qui ont le plus grand nombre d'affluents et qui laissent sortir des rivières, se sont convertis en lacs à eaux douces depuis bien longtemps.

Le climat des steppes des Kirghyzs est, un climat *continental*, à proprement parler. L'été y est très chaud, l'hiver est dur, le printemps et l'automne sont de courte durée. Les monts Altaï et du Turkestan en séparant la Sibérie occidentale au sud, du plateau élevé de l'Asie Mineure, préserve toute cette vaste contrée du souffle délétère des vents chauds d'Asie; mais, en revanche, la

partie septentrionale de la même contrée étant ouverte
au nord, aux vents venant de l'Océan glacial, subit toute
leur influence. L'éloignement des grandes mers (comme
la mer Caspienne, par exemple) détermine le caractère
continental de ce pays. Le vent S.-O., qui apporte l'humidité en Europe, perd ici toute cette humidité en pas-
sant au-dessus des sables brûlants des steppes d'Aral ;
voilà aussi pourquoi en été, l'herbe jaunit et paraît brûlée.
C'est dans ce pays qu'on rencontre les extrêmes du chaud
et du froid des climats continentaux. Mais il faut se
hâter de dire que la partie méridionale, montagneuse des
steppes, celle qui nous intéresse, ne présente pas de
pareils contrastes. Vous trouvez ici, au contraire, un
climat sain, avec un été de sept mois, et un hiver de cinq mois
et dont la température n'empêche pas les travaux des usines
et des fabriques. La température moyenne de l'hiver est de
12° c., et celle de l'été est de 20° au-dessus du 0° c. En
hiver les bêtes à cornes aussi bien que les chevaux des
Kirghyzs trouvent leur nourriture sous la neige, dont la
couche a peu d'épaisseur ; — et je n'ai jamais vu, les habitants du pays, faire leur provision de foin pour l'hiver.
Lors de mon séjour dans ce pays, au commencement de
septembre 1870, la température moyenne au milieu de
la journée ne dépassait pas 27° c, et celle de la nuit 12° c.

La région sud, montagneuse des steppes a été encore
peu étudiée, et tout ce que nous pouvons en dire en
général c'est qu'elle contient des richesses minérales iné-
puisables, à savoir : des houillères, mines de fer, mines
de cuivre, minerais argentifères, de l'or en filon et en
pépites. On y trouve également le salpêtre natif, l'alun
et des pierres précieuses, comme : améthyste, topazes et
autres.

En ce qui concerne *la flore* du pays, on peut la distinguer en *flore des forêts* et en *flore des steppes*. La première consiste : en sapins (*Abies sibirica*), en pins (*Pinus silvestris*), en mélèze (*Larix sibirica*), en bouleau et autres, qui occupent principalement les points élevés du pays, les sommets des chaînes des montagnes, comme par exemple, près de Baïan-Aoul, près Karkaraloff, près Kent, etc. La flore des steppes est représentée par les buissons qui croissent par groupes çà et là, et par différentes herbes, qui sont d'une exubérance particulière aux mois de mai et juin.

Parmi ces herbes dominent : *Stipa capillata* et *pennata*. Le sol des steppes consiste généralement en sable argileux, retenant facilement l'humidité, — circonstance qui explique la splendeur de la végétation. Les salines produisent une espèce particulière de plantes, appartenant à la famille *Chenopodiaceæ*. Les lacs salés sont faciles à reconnaître en automne par la couleur rouge de la plante *Scholeria maritima*, qui croît sur leurs bords.

Les habitants du pays — *Kirghyzs*, s'occupent de l'élevage d'une race particulière *de moutons à queue grasse* (*ovis steatopiga*); ils sont nomades et voyagent par groupes (aoûl) et habitent sous des tentes en feutre de poils de chameau : 20 à 50 aoûls forment une *volast*, sous la direction d'un *administrateur de volast*. Il est toujours kirghyz et est élu. Les Kirghyzs d'un district sont soumis à l'autorité du *chef du district*. Le peuple kirghyz est d'un bon naturel, laborieux, acceptant toute espèce de travaux qui peuvent lui garantir l'existence.

Les Kirghyzs se divisent en *Kirghyzs nomades* et en *Kirghyzs djetaki*. Ces derniers sont sédentaires aussi bien en été qu'en hiver et habitent les villes et les alentours des fabriques. On peut dire, généralement parlant, que cette dernière catégorie d'habitants reste volontiers sédentaire, en s'occupant dans les usines, du camionnage et d'autres travaux. Les Kirghyzs ne connaissent pas les métiers, et leur *agriculture* est presque nulle. Elle consiste dans la transformation, par la voie digestive des chameaux, des bêtes à cornes, des moutons et des chevaux, de l'herbe plumageuse des steppes en chair et os des susdits animaux. Ces animaux constituent toute la richesse des Kirghyzs. Cependant dans deux ou trois endroits, il m'est arrivé de voir des champs cultivés. La population russe au milieu des Kirghyzs est représentée par les Cosaques ; ils s'occupent d'agriculture, pendant le temps où ils ne font pas le service municipal. On cultive ici le seigle, l'avoine et le froment. Les vallées des fleuves (comme par exemple, la vallée du Nur, etc.) ont le sol le plus fertile. Les champs sont entourés de fossés peu profonds destinés à contenir l'eau d'arrosage. D'autre part, la naissance de l'art de l'irrigation est représentée par des *étangs artificiels*.

Les Kirghyzs chassent le renard, l'argalis (*ovis orgalis*), le chevreuil et le cerf (mural), devenu à présent très rare (1). Pour la chasse des lièvres ils emploient une espèce de faucon (Bercoute — nom du pays). Quant au gibier de plume, il est richement représenté par les perdrix, les gélinottes, les tétras, les coqs de bruyères, etc.

La caractéristique physique que nous venons de faire de la Sibérie, s'applique également aux districts de Pawlodarsk et de Karckaralinsk — régions montagneuses d'extraction des minerais de cuivre, de plomb et d'argent appartenant à M. Popoff. Les particularités de cette région minière sont toutes à son avantage : il se trouve plus au sud et jouit, par conséquent, de tous les avantages climatériques des pays méridionaux.

---

(1) Leur chien de chasse — *l'az* — est originaire de Bouckara et tient du levrier.

II

Constitution géologique des districts de Pawlodar et de Karkaralinsk.

La chaîne des montagnes de la partie sud de la Sibérie occidentale s'élève, par moments, à une altitude de 600 mètres au-dessus des eaux de l'Irtysch et même davantage ; elle n'est autre chose que la continuation de l'Altaï méridional, en deçà de l'Irtysch. Cette chaîne remplit le district de Karkaralinsk, celui de Pawlodarsk et la majeure partie de la région d'Akmolinsk. Ces monts ont la forme de collines allongées qui se perdent en partie dans les steppes environnantes, en donnant naissance à de petits volcans isolés.

La nature des roches et leur structure géologique sont en tout semblables à celles de l'Altaï voisin, dont les phénomènes géologiques se produisent sur une échelle plus grandiose.

Il faut remarquer que tous ces parages, nonobstant l'extraction considérable de cuivre, de plomb, d'argent, d'or et de houille, n'ont été jamais soumis à un examen géologique, d'après les exigences scientifiques. Nous sommes des premiers qui ont eu l'heureuse fortune de déterminer la structure géologique de cette vaste superficie de la Sibérie occidentale, ce qui nous a permis d'établir un principe, d'après lequel nous pouvons juger des richesses minérales de ces montagnes.

La principale partie de ces monts contient de riches masses cristallines et des assises anciennes avec des couches et des filous nombreux et riches, de cuivre, d'argent, de plomb aurifère, de fer, etc.

Les chaînes les plus élevées et les plus étendues consistent en *granit rouge* contenant un peu de mica, appelé *granitell* ou *aplit*. Il consiste en gros cristaux de *feldspath* (orthoclase et en partie plagioclase) et des grains du *quartz trouble*. Le mica est généralement broyé en petits morceaux.

Les chaînes de Bayan-Aôul, de Karkarali, d'Outsch-Chatyna, de Kou-Ou et d'autres, se composent de roches granitiques à la structure schisteuse, s'altérant facilement dans les soudures. Les ruines pittoresques des roches de granit sont visibles à Bayan-Aôul et à Karkarali. Les crêtes de ces chaînes sont tellement bouleversées qu'elles présentent l'aspect d'ellipsoïdes gigantesques superposées, de champignons énormes et de colonnes fantastiques formées par la superposition de plaques de granit. Ce granit *schisteux* diffère complètement du granit *filoneux* aussi bien par sa structure que par l'époque de son apparition. On peut admettre qu'il formait le sédiment primitif de la mer, et a subi une forte métamorphisation en étant amené à la surface, par l'action volcanique, ou bien par la pression latérale (par suite du refroidissement graduel de la terre), en forme de chaînes de montagnes. En général, tout le pays, qui est rempli des schistes cristallins métamorphosés et des couches paléogiques, est rompu par des chaînes granitiques. Toutes les vallées se composent de roches schisteuses. La direction dominante de ces roches est E.-O. et S.-N. à quelques exceptions près. Ces roches granitiques furent probablement soulevées par les *porphyres*, qui présentent la même composition chimique que ce granit, et qui ont tous les caractères *des roches éruptives*.

Les porphyres felsitiques sont plus rares que les roches granitiques, mais plus fréquents que toutes autres roches. Elles sont de deux espèces : les véritables porphyres felsitiques, de couleur rouge-quartzeux, appelées *porphyres quartzeux* et autres de l'espèce des *porphyres feldspathiques* avec des cristaux de feldspath, sortis de la masse fondamentale, et des grains de quartz. Quelquefois dans les porphyres quartzeux, la silice fine s'agrandit tellement aux dépens du feldspath que la roche se transforme en *petrosilex* ou en *eurit*. Toutes ces modifications sont si intimement liées entre elles, qu'on peut rencontrer dans le même filon de porphyre toutes ces variétés. Le porphyre forme des masses moins grandes que le granit ; ces masses ont la forme *de voûtes* ou de petits *volcans isolés* ; mais le plus souvent le porphyre se rencontre en forme *de filons*, traversés par le granit. Tout ceci démontre clairement l'origine *éruptive* de toutes ces roches. (Les volcans isolés de porphyre sont dénudés, ce qui les fait distinguer aisément des autres volcans.) On voit ici que la pâte granitique s'étant fait jour à travers les fissures, s'était rapidement refroidie. Ces formations porphyriques rompirent, non seulement les couches du granit, mais aussi celles du schiste métamorphique et même les assises carbonifères. Sur les limites des roches de porphyre et celles des schistes cristallins, se trouvent partout, dans ces contrées, des filons extrêmement riches en minerais de cuivre, de plomb, d'argent, d'or et de fer. Ce sont les filons appelés *filons de contact*. La masse de ces filons se compose, dans certains cas, de porphyre transformé en petrosilex ; dans d'autres cas, de quartzite, de barite sulfuré, de carbonate de chaux, de calamite et autres. Dans les points de contact on peut voir souvent, à la place des salbands, le schiste argileux transformé en jaspe ou le grès métamorphosé (quartzite). Le porphyre lui-même contient très souvent les imprégnations des minerais sulfurés et des métaux natifs (le porphyre de l'usine de Bogoslowski contient 1/4 0/0 argent). On peut constater, qu'en général les fusions métalliqnes ont apparu à la surface simultanément avec le porphyre. Les cas particuliers des phénomènes que présentent les filons de porphyre, seront détaillés dans la description spéciale des gisements divers.

Outre le granit et le porphyre, on rencontre souvent *la roche dioritique* (grunstein, diorite) qui présente le mélange d'oligoclase et d'amphibole avec le pyroxène et le magnétite. Cette roche se compose de grains moyens et fins, mais le plus souvent elle est tout à fait compacte (aphanit, microaphanit), et dans ce dernier cas, ses éléments métalliques ne peuvent être constatés qu'au moyen du microscope.

Le diorite, dans son état typique, est une combinaison de plagioclase blanc (oligoclase), avec les cristaux de l'amphibole, vert-foncé au noir (pyroxène). Si la quantité de l'amphibol augmente aux dépens du plagioclase, la roche devient schisteuse, elle se transforme en *schiste dioritique.* Si ce mélange présente l'aspect d'une masse compacte *microaphanite* avec de gros cristaux de plagioclase, dans ce cas la roche est un *porphyre dioritique, porphyrite.* La couleur de cette roche est d'un gris-vert, poussant au gris foncé et même devenant noir ; ce qui s'explique par la surabondance des cristaux d'amphibole noir et de magnétite.

La roche dioritique apparaît en *filons* traversés par les granits, les porphyres, les schistes cristallins, les roches paléozoïques et même par les filons des minerais.

Ce sont les produits les plus anciens de l'éruption qui, pendant la période mésozoïque, quand les montagnes étaient encore recouvertes par la mer, ont pu, en subissant les influences atmosphériques et autres, se transformer considérablement pour nous apparaître en diorite, en porphyre dioritique, ou saline dioritique.

Les filons de diorit, en creusant les salines cristallines, métamorphosées et métallisées, ont formé les jaspes et les quartz (schistes siliceux), et voilà pourquoi les schistes sont pénétrés des combinaisons métalliques. L'épaisseur de ces filons est de 5 à 50 pieds.

Les schistes cristallins (métamorphiques) présentent plusieurs modifications : des schistes argileux (ardoise), des schistes chloritiques et des schistes siliceux. Ils occupent la superficie énorme de deux districts et la plus grande partie de la région d'Akmolinsk, en recouvrant les granits schisteux et les gisements houillers. Tous ces schistes sont fortement métamorphosés. Dans les monts Altaï, on a trouvé, au milieu de roches identiques, des roches de la formation silurienne et devonienne C'est à MM. Tchichatscheff, Gelmersen, Schtochouronski et B. Cotta que nous sommes redevables de cette découverte.) Il est hors de doute que les mêmes formations doivent se rencontrer ici également, et si on ne les a pas trouvées jusqu'à présent, c'est faute de recherches convenables; parmi les formations dérivées qui se trouvent dans les schistes cristallins, on rencontre ordinairement des *calcaires cristallins*, *quartzuns* et *graphites* (dans Sary Toukoumbay), ce qui prouve clairement leur origine paléozoïque.

Les formations purement *sédimentaires* sont représentées dans les steppes des Kirghyzs par les spécimens de *l'époque houillère*, dont la présence est constatée d'une manière indubitable par les débris fossiles qu'on y retrouve. Cette formation houillère s'est étendue dans les vallées de l'Oulenta, Tschiderta, Aschtschi-Sou et Tioundiouk au nord, dans la vallée de Noura au sud et le long de l'Irtysch entre Semipalatinsk et Semijarsk (au voisinage de la section postale *Gratschi*). Sur la carte géognostique ci-jointe on peut observer la disposition horizontale des couches houilllères. Le feu intérieur en élevant les chaînes de granit, a élevé en même temps les couches houillères ; c'est pour cette raison que les houillères à fleur de terre ne se trouvent que dans les montagnes, et que les houillères des vallées disposées en couches horizontales ne se montrent point à la surface de la terre.

La formation houillère se compose de : schistes argileux, argiles schisteux, grès au ciment pierreux ou chaux. Parmi les grès et les schistes on rencontre des empreintes d'animaux et des fossiles de plantes : algas, calamites appoximatus ; les chaux contiennent : spirifer trigonalis, orthesina arachnoïdea, petites espèces d'orthis, etc. Entre les argiles schisteux se trouvent les couches de *houille* et d'*anthracite* de l'épaisseur de 1 archine ($0^m,70$) à 5 sagènes (11 mètres).

Après vient une grande interruption dans les formations géologiques. Nous n'avons pas trouvé des représentants de l'époque mésozoïque : formation de Perm, formation triassique, formation jurassique et de la formation de la craie. Suivant toutes les probabilités, c'est à cette époque que les monts des Kirghyzs ont été soulevés au-dessus de la surface de la mer et ont formé la terre ferme unie à l'Altaï. Ce n'est que dans la partie nord du district de Powlodar que j'ai trouvé, au milieu des grès, des débris d'arbres aux feuilles aciculaires, appartenant à l'*époque tertiaire*.

Toutes ces formations sont couvertes de *dépôts d'alluvion* et sont de deux types : le type *maritime* (Ostrea, près la ville de Petropawlowsk, dans les vallées de l'Ichym), et le type des *cavernes*, contenant les débris d'elephas mammoutheus, rhynoceros tichorinus, elephas primigenius. A cette époque se rapportent tous *les anciens placers aurifères* qui sont actuellement exploités à l'est de la ville Koktschétawsk, dans les vallées des rivières qui se jettent dans le lac Denguiz, etc.

Il faut rapporter également à l'époque diluviale quelques monuments géologiques, notamment les *volcans isolés dénudés*, de granit et de porphyre, et les *blocs erratiques* des mêmes roches qui se rencontrent sur les monts du sud-est. Ces blocs erratiques se rencontrent assez souvent dans les montagnes dont nous nous occupons maintenant. Les crêtes des montagnes, sur le parcours de l'usine Bogoslowski à Djaman-Kaitash, consistent en granit ou bien en porphyre quartzeux, et moins fréquemment en porphyre dioritique. Les monts d'Aôuliè (pierre sacrée) qui se trouvent sur la ligne ci-dessus, fournissent une belle occasion à l'étude de ces blocs erratiques. Ici, sur la pente des monts et à la hauteur de 25 sagènes (55 mètres), à partir du pied de la montagne, s'est amoncelée une masse de ces pierres erratiques ; ces pierres sont énormes, leur surface est luisante et très polie ; leur forme est généralement sphéroïdale. La roche de la montagne elle-même est le porphyre diorité, mais les blocs sont une roche plus compacte et de couleur noire, appelée généralement *trappe*. Mon opinion est que ces blocs ont été roulés de loin, des monts du sud, à cause de leur surface extrêmement polie et, en *second lieu*, parce qu'il n'existe point dans le voisinage, de roche semblable nulle part. Ce sont ces blocs durs qui ont fourni jadis aux mineurs Tschoudi la matière pour leurs haches et leurs marteaux ; ces derniers leur servaient pour la pulvérisation des minerais de cuivre ; ces outils et d'autres se rencontrent ici dans les anciennes mines. Nous avons eu la chance de découvrir des images d'animaux taillées sur des blocs. Des blocs semblables ont été observés aussi sur le volcan isolé Djalgyz-Tâou (près de Kalmak-Tasch) et dans Karakaû-oû, au nord de l'usine de Bogoslowski.

Les formations géologiques actuelles sont représentées par l'*alluvion riveraine* qui s'est formée par l'influence décomposante de l'air sur les roches cristallines. Cette alluvion contient souvent des paillettes d'or provenant des montagnes.

Voici dans quel ordre géologique se formèrent les roches des pays montagneux des Kirghyzs :

1. Granit feuilleté.
2. Schistes cristallins.
3. Granit en filons.
4. Sédiments paléozoïques.
5. Porphyres.
6. Filons de minerais.
7. Diorits.
8. Grés tertiaires.
9. Alluvion.

L'absence des roches de trachite et de basalte nous donne le droit de conclure que des phénomènes d'éruptions volcaniques récentes n'ont pas eu lieu dans ces montagnes. L'absence ici des signes de *l'époque glaciaire* est attribuée par M. Cotta à l'influence des courants chauds de la Méditerranée, qui ont eu lieu à l'époque diluvienne. C'est à cette influence qu'il faut attribuer la présence ici de restes d'animaux tels que le mammouth et le rhinocéros, etc. L'engorgement du bras de mer qui unissait la mer Noire, la mer Caspienne et la mer d'Aral avec l'océan Glacial, en modifiant le climat, a pu déterminer la disparition de ces animaux. Cependant il me semblerait que les bases polies des volcans isolés, la surface lisse des blocs erratiques témoignent de l'époque glaciaire, dont la présence est niée dans l'Altaï et dans les montagnes du sud des steppes de Kirghyzs. Il est très difficile de *préciser l'époque* de soulèvement de ces monts; mais, suivant l'opinion de M. Cotta, ce soulèvement aurait dû avoir lieu simultanément avec l'apparition des Alpes d'Altaï, et ce phénomène aurait dû se passer à l'époque mésozoïque, vu que les roches houillères de l'Altaï ont subi un changement considérable dans leurs positions primordiales. En acceptant l'opinion de M. Cotta, nous faisons toutefois cette restriction : les soulèvements étaient très longs et *gradués*, ils ont eu lieu pendant toutes les époques géologiques, mais à l'époque mésozoïque, ces soulèvements étaient plus énergiques.

III

Esquisse historique des découvertes minéralogiques dans les steppes des Kirghyzs de la Sibérie occidentale.

PÉRIODE PRÉHISTORIQUE

Les richesses minérales des montagnes du sud des steppes des Kirghyzs étaient connues depuis les temps immémoriaux et étaient exploitées par les mêmes peuples qui fondaient le cuivre et l'argent dans l'Altaï. Ces peuples sont connus sous le nom générique *Tschioudi, peu-*

ples tschioudiques. Les fouilles qu'ils ont pratiquées s'appellent *fouilles tschioudiques.* On rencontre ici partout, les vestiges de ces peuples disparus depuis bien longtemps déjà. On ne trouve point de mines dans le pays, qui n'aient été déjà découvertes par eux. Leurs procédés étaient tout primitifs, ne consistant qu'en de simples *tranchées,* quelquefois en *galeries,* et rarement en *puits.* Ils n'exploitèrent que des minerais tendres, comme malachites, argentins, les minerais oxydés de cuivre et de plomb argentifère, et ils abandonnaient leurs travaux sitôt qu'ils rencontraient les minerais durs. On voit que l'usage de la poudre et du fer leur était inconnu. Leurs armes et leurs instruments qu'on rencontre dans les restes des fouilles tschioudiques, les échantillons de leurs fontes, enfin les objets de toutes espèces qu'on rencontre dans les collines nommées *tombeaux des Tschioudis* confirment notre hypothèse. Les instruments de travail de ces peuples étaient en pierre, et leur servaient à égrener leurs minerais ; l'assortiment des minerais se faisait sur place, ce qui ressort de l'inspection de leurs travaux à Karkaralinsk, où on a trouvé un tunnel rond contenant des minerais assortis. Près de Kintschek les travaux de ces peuples occupent la superficie de 10 verstes carrées, 13 kilom. carrés. Les eaux des mines s'écoulaient par des canaux. Ils transportaient leurs minerais vers les petits volcans de Karkarali où il les fondaient, ce qui est prouvé par les restes des fourneaux, et des scories provenant de la fonte du cuivre, qu'on trouve ici. Parfois l'étendue de leurs fouilles ne dépasse pas la largeur de quelques dizaines de mètres, sur dix à douze de profondeur, mais il arrive aussi, comme par exemple à Kintschekou et près l'usine de Bogoslowski que les Tschioudis détruisaient littéralement les montagnes ou en comblaient les vallées ; ou bien réunissaient deux montagnes en une, sur l'étendue de plusieurs verstes. Les travaux souterrains se faisaient rarement et seulement par places. On en trouve des échantillons à Alkassor, où l'on voit de longues galeries dans lesquelles on rencontre des squelettes et des instruments (en pierre et en cuivre), des creusets d'argile réfractaire, etc. ; à A'ktschakou on trouve un puits, de 14 mètres de profondeur, bien cimenté et pourvu d'un escalier.

Qu'étaient ces *Tschioudis ?* voilà la question qui intriguait il y a bien longtemps déjà les savants. L'académicien Eychwald y voit les Scythes d'Hérodote. Humboldt, étant du même avis, cite le passage suivant d'Hérodote (*Asie centrale* t. Ier, p. 95 et 396) : « Ces montagnes étaient habitées par des peuples de différente origine, à l'est des Argipées, occupant le pays d'Oural, se trouvaient les *Hedons*. » Humboldt assigne à ces derniers la région entre Karkarali et Sémipalatinsk.

Les *tumuli* sont d'autres monuments qui peuvent nous guider pour la définition de ces peuples de mineurs ; ces tombeaux consistent en une couche de terre de forme conique, de 10 à 20 pieds de hauteur. Dans les fouilles de ces tombeaux on remarque que le sépulcre est toujours recouvert d'une dalle Pallasse, Ledebour). J'ai observé personnellement ces tombeaux et je peux constater qu'on peut les rapporter aux périodes de bronze ou de pierre ; mais il y a un autre genre de tumuli, ce sont les *kourgans* construits certainement par les Mongols lors de leurs incursions vers le sud de l'Oural. Il est admis de séparer l'époque de la pierre polie de celle du bronze ; et la présence d'outils de ces deux substances chez les Tschioudis s'explique, suivant moi, parce qu'ils rencontraient dans maints endroits le *cuivre natif* si facile à travailler.

DES RICHESSES MINÉRALES DES STEPPES DES KIRGHYZS ET PRINCIPALEMENT DANS LES DISTRICTS DE PAWLOGRADSK ET DE KARKARALINSK ET PARTIELLEMENT DANS LE RÉGION D'AKMOLINSK.

Aperçus historiques. — Les premiers investigateurs et pionniers furent MM. Popoff. Il y a quarante-cinq ans que deux Tartares, *Sawatin* et *Batschéief*, déclarèrent à M. Popoff (grand père) que les anciennes mines des Tschioudis, découvertes par eux dans les différentes parties des montagnes des steppes des Kirghyzs, contenaient des filons extrêmement riches en minerais d'argent, de cuivre et de plomb. Popoff en fit la déclaration au gouvernement, qui lui a octroyé le privilège d'y acquérir les domaines et les forêts dont il aura besoin, en vue d'exploiter des mines et d'y fonder des usines, et ce privilège doit passer à tous ses descendants inclusivement. Ce droit exclusif d'exploiter les mines dans les districts de Karkaralinsk et Pawlodarsk, sur les terres achetées par les descendants de Popoff à différentes époques aux Kirghyzs, est demeuré intact jusqu'à ce jour pour tous ses descendants. Quelques-uns de ces domaines (la plus grande partie) appartiennent aux Popoff comme leur propriété, tandis que pour d'autres, ils ne sont qu'usufruitiers, en ce sens que cette dernière catégorie ne reste en leur possession que jusqu'à l'épuisement des gisements métalliques.

Il n'existe point dans notre littérature des renseignements sur les procédés d'extraction et de fonte des minerais appartenants aux MM. Popoff.

D'après l'examen sur les lieux mêmes, et renseignements pris, il résulte que jusqu'à présent l'extraction s'est bornée aux minerais superficiels ocreux et aux minerais oxydés Pb. Cu. et Ag., ce sont précisément les minerais qui contiennent le plus d'argent (Mines de Stepanoff et de Nicolaeff). Les minerais de plomb argentifère sont fondus dans des chaudières, et l'argent étant plus lourd que le plomb descend au fond. Les minerais de cuivre étaient fondus en tas, qui consistaient en superpositions alternatives de couches de cuivre et de couches de bois. Plus tard, lors de la fondation des usines Alexandrowski et Bogosloswki, on fondait le minerai de plomb contenant Ag. 73 zolotnik par poud (16 kilog.). On a ensuite commencé la fonte des *minerais de cuivre*, contenant aussi de l'argent. En 1862, M. Popoff proposa à M. Demidoff de lui envoyer une certaine quantité des minerais pour être fondue dans l'usine de Taguilsk. Même année, une expédition composée des ingénieurs des mines (MM. Jérofeiéff, Smolnikoff et Glotoff) se dirigea de Taguilsk dans les steppes. Dans un rapport spécial M. Jérofeièff décrit les mines : Stepanowski, Bogoslowski et Nicolaïjewski. Il s'en suivit qu'en 1863 l'administration de l'usine de Taguilsk a acheté à M. Popoff 14,500 pouds (72,000 kilog.) de minerais de cuivre ; et le résultat d'une fonte d'essai était le suivant : le tènement moyen était : cuivre 13,87 0/0. *M. Joannès de Sponville*, directeur des usines Demidoff à Taguilsk, en comparant la pauvreté des minerais de l'Oural (pas les 3 0/0 Cu) prit la résolution d'aller personnellement dans les Steppes. L'expédition qu'il organisa avait pour tâche spéciale de déterminer le caractère des gisements des minerais, leurs qualités et leur quantité, aussi bien que de découvrir un combustible minéral et de déterminer le côté économique de l'exploitation (moyens de transport, main-d'œuvre, mœurs des habitants, etc.). En outre il se proposait d'extraire sur place 12 à 15 mille pouds de minerais de cuivre (200 à 250,000 kilog.). Voici les résultats de ces investigations minutieuses :

Les gisements les mieux exploités, comme Nicolaïjewski et Stepanowskojè sont des *filons réguliers*. La collection qu'il a rapportée de cette expédition et qui se conserve dans le musée de Nijni-Taguilsk prouve que M. Joannès a visité toutes les houillères, toutes les mines des Tschioudis et toutes les fouilles d'investigation des minerais. L'administration des usines de M. Demidoff entra en pourparlers avec MM. Popoff en leur offrant des conditions très avantageuses pour l'acquisition des usines avec les mines attenantes.

En 1874, MM. Popoff ayant l'idée d'agrandir leurs affaires, s'adressèrent à des capitalistes anglais. Ces capitalistes envoyèrent dans les Steppes l'ingénieur *Thomas Belt* et le rapport qu'il a présenté la même année, est extrêmement concluant sur la richesse des mines en question.

<h1 style="text-align:center">IV</h1>

Description spéciale des gisements des minerais de cuivre, de plomb, d'argent, d'or et de fer, ainsi que des houillères et gisements d'anthracite, appartenant présentement à M. S.-N. Popoff. — Caractère général des gisements des minerais.

Mentionnons avant tout les concessions avec leurs mines, qui appartiennent à M. S.-N. Popoff.

1. Mines achetées conditionnellement :

		Sagènes car'ces
1. Alexandrofsk Pb. Ag. Cu. . . .		1.000.000
occupé par l'usine		250.000
2. Stepanowsk Cu. . . (hypothéqué)		7.423.834
3. Nicolaïjèwsk Cu Pb Ag.		4.750.000
4. Kroupopa Cu. Ag		3.000.0.0
5. Karadjal Pb. Cu		500.000
6. Djaman-Kaïtasch Cu. Pb. Ag. .		500.000
7. Kintschekou Cu. Fe		1.500.000
8. Konouspay Cu.		6.500.000
9. Kizil-Adir $\Big\{$ Pb. Ag . . . $\Big\{$		1.000.000
Id. n° 2		1.000.000
10. Altyn-Sou n° 1 Cu. (Cu₂ SO⁴) . .		500.000
n° 2 Cu		
11. Sary-Tougoumbaï-C graphyt. . .		1.000.000
12. Kourgan-Tasch Cu.		12.000.000
13 Kou-ou - améthystes.		250.000
14. Kalmak-Tasch Cu (natif) Pb. Ag.		1.000.000
Koutschou-bay-pièrre réfractaire .		500.000

II. Mines achetées, mais non expertisées.

1. Markowsk (Satigoul) Cu. Pb. Ag.	4.000.000
2. Djiltaou Cu	500.000
3. Outsch-Chatyn Cu. Pb. Ag . . .	1.250.000

III. Mines signalées pour l'achat et qui ne sont pas encore délimitées.

1. Schaïtandy Cu. Ag	1.250.000
2. Pokrowsk (Sary-Tschekou) Cu Pb Ag	500.000

Et plusieurs autres encore.

Gisements houillers.

(*a*) *Achetés :*

Sagènes carrées

1. Maou-Kouben. 5.625.000
2. Nikolaïèwsk (Karadjiri) (près de
   l'endroit Ryndy) 3.000.000

(*b*) *Dont on a l'intention de faire l'achat :*

(Signalées à l'achat).

1. Djeramon-Táou (*région d'Akmlinsk*)   2.500.000
2. Essen-Geldy   (*Id.*   )   1.000.000

Le total de toutes les propriétés foncières de M. S.-N. Popoff (y compris la forêt de Tara d'une superficie de 144,000,000 sagènes carrées est de 703,000 hectares (1). Le nombre des gisements de minerais, découverts par des travaux et par des tranchées est, on peut le dire, immense ; mais ils ont été mal explorés, sans plan rationnel et scientifique. Aussi singulier que cela puisse paraître, mais nous n'hésiterons pas à le dire ici, du temps des Tschioudis, l'industrie minière était plus développée dans ces contrées qu'elle ne l'est actuellement. C'est grâce aux anciennes mines des Tschioudis que se sont formées les usines : Alexandrofski, Nicolaïjewski, Stepanoffski et Bogoslowski.

On peut constater dans les deux districts décrits *deux* et même *trois groupes principaux* de gisements de minerais, qui sont étroitement liés aux chaînes des montagnes de Baïan-Aôul, de Bogoslowski et de Kou-Ou.

1. Groupe d'*Alexandrowski*. Comprend les mines de :

Mines : Alexandrofski,
        Nicolaïjewski,

---

(1) 1 hectare = 2.197 sagènes carrées, la sagène vaut environ 2^m,25.

Stépanowski,
Kroupopa ;

2. Groupe de *Bogoslofski :*

Kintschekou,
Karadjal,
Djaman-Kaïtasch,
Kyzil-Adyr et plusieurs autres.

3. Groupe *Kou-ou :*

Kalmak-Tasch.

Les bassins houillers :

I. Groupe d'*Alexandrofski :*

1. Mâou-Kouben,
2. Nicolskoïjè (Karadoumra),
3. Djèrman-Tâou.

II. Groupe de *Bogoslofski :*

1. Essen-Geldy.

Les mines les plus profondes sont : Alexandrofski, Nicolaïjewski et Stépanofski ; mais les fouilles n'ont pas encore
dépassé la profondeur de 15 sagènes, 48 mètres environ.
On pratique d'abord de larges *tranchées*, ensuite on
creuse les *puits* et enfin on construit des *galeries*. En
général, l'exploitation a à peine effleuré ces riches gisements, et était faite d'une manière tout à fait irration-
nelle et irrégulière ; elle se bornait généralement aux
filons extérieurs. Les travaux les plus systématiques se
faisaient dans les mines d'Alexandrofski qui possèdent une
fonderie de cuivre, et dans celles de Nicolaïjewski et de
Stepànofski.
Désirant déterminer la richesse d'une mine, il a fallu

faire des recherches géologiques dans les mines et utiliser les données obtenues par les fouilles et les expertises. C'est pourquoi on a dû prêter toute son attention aux groupes d'Alexandrofski et de Bogoslofski, comme étant les mieux étudiés, tout en laissant de côté nombre d'autres gisements miniers, qui attendent d'être étudiés d'une manière plus approfondie dans l'avenir.

Tous les gisements d'Alexandrofski et de Bogoslofski consistent en filons de contact disposés sur les limites des porphyres et des schistes cristallins.

Le caractère général des gisements des minerais, au point de vue de la dépendance et de la manière de la formation des minerais, sera exposé plus loin.

DISTRICT DE PAWLODAR

I. Groupe d'Alexandrofski

1. Mine d'Alexandrofski

Plan et Coupe.

(Pl, + Cu + Ag)

On exploite depuis 1840 une très riche mine qui occupe l'étendue de 1,250,000 verstes carrées, environ 1,500,000 kilom. carrés et qui possède une fonderie de cuivre et de plomb. La mine et l'usine se trouvent sur la chaussée à 130 verstes (140 kilom. environ) de la ville de Pawlodar et à 20 verstes (22 kilom. environ) d'une colonie de Cosaques. Le pays est montagneux. La station *Kara-Sor* au pied des monts Bayan-Aôul est à l'altitude de 120 mètres au-dessus du niveau de l'Irtysch (à Pawlodar); les montagnes de Bayan-Aôul et d'Alexandrofski sont à 100 mètres au-dessus de Kara-Sor. Les chaînes des montagnes consistent en granit feuilleté, traversé par d'énormes *veines de porphyre;* ce porphyre en traversant les schistes cristallins forme souvent des cônes isolés (volcans isolés) de porphyre, de diorite et traverse toutes les autres roches.

La mine d'Alexandrofski se trouve au nord de Bayan-Aôul et est disposée sur le filon de contact de porphyre rouge et de schiste argileux. La roche de ce filon consiste en quartz, cuivre sulfureux, galène argentifère, ce dernier contenant aussi de l'or. La direction du filon est nord 60° d'où il prend brusquement la direction sud. Ce filon est étudié sur la longueur de *trois verstes;* il a la longueur totale de 60 verstes, et accuse à la sortie une épaisseur de 15 sagènes (34 mètres environ), mais à la profondeur de 6 à 7 sagènes, l'épaisseur du filon varie de *1 1/2 à 3 sagènes* (3^m,50 à 7 mètres).

Le puits de *Rogdestwensk* (comme on le voit d'après le plan) atteint 8 sagènes (18 mètres) de profondeur. Le filon se compose de deux étages ; l'étage inférieur contient des minerais *sulfureux*, l'étage supérieur des minerais *ocreux* Ce dernier, dans l'épaisseur de 5 à 8 sagènes (11 à 18 mètres) contient beaucoup de *galène*, ayant Ag et Au et le carbonate vert et bleu, le cuivre et l'oxyde noir de cuivre. L'étage inférieur (à la profondeur de 13 sagènes, 29 mètres) contient en abondance du *pyrite de cuivre*, principalement *pyrite noir* avec des mélanges de *pyrite sulfuré*.

L'analyse de différents échantillons des minerais de plomb argentifère nous donne le résultat suivant : plomb métallique — 15 0/0 jusqu'à 50 0/0 ; argent 2 1/2 drachmes dans 40 livres (russes) de plomb, et 54 grammes d'or dans la fonte. M. Belt, dans sa brochure, nous donne les résultats de l'analyse faite par MM. Jhonson et. Mattey sur les minerais pris à la profondeur de 10 sagènes (12^m,50.) Ils contenaient déjà outre le plomb (24 0/0 Pl), 10$_5$ 0/0 de cuivre, et donneraient 144 grammes Ag par tonne de minerai. D'après les documents de l'administration de l'Altaï, de 1854-64, on fondait dans l'usine d'Alexandrofski des minerais contenant dans un poud de plomb, de 10—14 drachmes d'argent aurifère ; et un poud de cuivre contenait de 6—10 drachmes Ag.

Par conséquent, *les minerais de plomb des mines d'Alexandrofski contiennent en moyenne 15 0/0 et (146 grammes Ag et 54 grammes par tonne Au de métal)*; *les minerais de cuivre donnent en moyenne 10$_{15}$ 0/0 Cu (144 grammes Ag par tonne de métal*).

Considérant que les calculs de M. Belot se rapportent principalement aux minerais de plomb, et, considérant secondement, que ce sont les minerais de cuivre qui nous intéressent le plus, nous ferons une hypothèse : que le puits d'investigation atteindra la profondeur de 25 sagènes (55 mètres environ), par analogie avec la profondeur des mines du pays) (1) et qu'il traversera le pyrite de cuivre ; nous aurons alors (en supposant notre filon à 60 sagènes de longueur sur 2 sagènes d'épaisseur moyenne) = 2,448,000 pouds, 39,168 tonnes de minerai à 10 0/0 Cu qui peut nous donner au moins 240,000 pouds ou 3,840 tonnes de cuivre pur. Ce calcul approximatif est fait pour une petite profondeur et une faible épaisseur de filon sur une longueur de 60 sagènes, (75 mètres), ce qui est fort loin de la réalité, puisque le filon dont il s'agit mesure 3 verstes de longueur, près de 4 kilométres.

---

(1) Sur l'Altaï, la fouille des filons est arrivée à la profondeur de 120 sagènes; les travaux dans le district de Karkaralinsk se faisaient à la profondeur de 25 sagènes.

Cette mine était considérée jusqu'à présent comme contenant *le plomb et l'argent*, mais d'après les recherches géognostiques et par le fait d'uniformité des gisements miniers du pays, on peut conclure qu'à partir de la profondeur de 13 sagènes, le filon d'Alexandrofski s'est transformé en filon de *cuivre,* en contenant le *pyrite de cuivre* mélangé de pyrite de fer.

Ce gisement est particulièrement avantageux à cause de sa proximité de l'usine et des combustibles minéraux (Mâou-Kouben, Nikolskoije) ; un poud du charbon de terre, provenant de Mâou-Kouben revient ici à 5 copecks 1/2, environ 18 centimes. Les calcaires, employés ici comme fondant, se trouvent à quelques verstes au nord. *Le minerai de fer*, qu'on extrait à cinq verstes près Bayan-Aôul sur les bords du lac *Djansi-Paï* a donné, d'après l'analyse du cabinet chimique du département des mines, le résultat suivant (sur 100 parties) :

$$\text{Le déchet.} \ldots \ldots \quad 6,_0$$
$$Fe_2 O_3 . \ldots \ldots \quad 80,_0$$

Ou bien

$$Fe \ldots \ldots \ldots \quad 56,_{35}$$
$$Si\ O_2 \ldots \ldots \ldots \quad 12,_{60}$$
$$Ca\ Co_3 \ldots \ldots \ldots \quad 0,_{69}$$

(Voir *Journal des Mines*, 1871, t. 1er, pag. 506.)

2. Mine de Nicolaïjewski.

(Plans et Coupes.)

(Cu Pb Ag.)

Cette mine se trouve à 5 — 6 verstes N.-O. de celle d'Alexandrowski. Les gisements des filons de cette contrée se trouvent probablement unis à ceux d'Alexandrowski ; ils se trouvent au milieu des *roches de porphyre.*

D'après l'examen des plans de travaux et l'examen de la mine, nous voyons qu'elle est un *filon régulier*, qui descend la montagne sous l'angle de 45°, et qui se compose des minerais de cuivre, et de plomb et argent. L'épaisseur du filon n'a pas été déterminée exactement ; toutefois, elle ne doit pas être moindre de celle du filon d'Alexandrowski, 3 sagènes (7 mètres environ minimum). C'est plutôt une fusion de plusieurs filons. Les zalboïdes ne s'y rencontrent point.

Les travaux s'y faisaient d'abord *en tranchées* (sur les traces des travaux des Tschioudis), ensuite on a creusé *les puits* (de Nicolski, de Pokrowski et de Andrééwski), qui sont actuellement obstrués. La profondeur des fouilles ne dépassait pas 13 sagènes (40 mètres environ). Le gisement est exploré sur 50 sagènes, 250 mètres carrés de superficie. L'étude des anciens travaux a démontré que jadis on y extrayait des minerais ocrés de cuivre, de plomb, contenant beaucoup Ag et partiellement Au. C'étaient des malachites (Cu le Co^3), bleu, l'oxyde noir de cuivre se transformant à la profondeur de 10 sagènes en *pyrite compacte de cuivre*, contenant l'argent, Pb avec l'éclat.

Dans ce filon nous remarquons la prédominance des *minerais de cuivre* à l'encontre du filon d'Alexandrowski. Les résultats de l'analyse chimique faite par M. Joannès de Sponville, en 1864, nous montrent que nous avons ici affaire avec des mines de première richesse.

		A	B	C	D	E	F
Cuivre	Cu	$24_{12}°$	$7_{20}°$	$35°$	$11°$	$13°$	$13_{50}°$
	$Si\,O$	30	3^{50}	2^{75}	10^{75}	2_{50}	15^{50}
	$Fe_2\,O_3$	18_{12}	61_{30}	24_{50}	47_{50}	12	33_{25}
	$_3O_3$	6	»	0^{75}	»	»	»
	$Co\,O$	»	»	»	»	»	»
	$Ba\,S\,O^4$	»	»	»	»	6_{75}	»
	S	20	27_{50}	»	19_{38}	86_{25}	14_{115}
	Co_2 \ $H_2\,O$	»	»	24^{50}	12_{50}	25	17_{18}
		98_{24}	99_{50}	»	99_{13}	95_{50}	17_{158}

A. Pyrit, 1re qualité avec l'oxyde noir.

B. — — avec l'oxyde de fer.

C. — — noir décomposé.

D. — — verdâtre.

E. — — noir combiné avec du soufre natif.

F. — — contenance moyenne.

Il est singulier cependant que Joannès ne fasse pas mention de Ag tandis qu'on en obtenait en grande quantité des pyrites de cuivre et surtout des oxydes de cuivre.

Des documents nous montrent que dans *la contenance moyenne de 12° Cu et 15° Pb*, on obtenait de ces minerais, 3 *kilogrammes d'argent* et 3 *onces Or* par tonne. On rencontrait des minerais de Pb Ag, qui donnaient sur 7 livres de 2 à 30 onces d'argent par poud, et des minerais de cuivre produisant 17 livres de cuivre (Cu), par poud de minerai.

C'est le plus riche et le plus régulier gisement des filons de minerais de cuivre. Les recherches géologiques nous montrent que ces gisements se trouvant au milieu des roches primitives, au milieu des porphyres, sont plus sûrs que les filons de contact.

Les pyrites de cuivre ont été extraits ici, de 1860 à 1869, et, après une courte interruption, de 1872-73. Maintenant on ne les extrait plus et c'est par des causes tout à fait particulières.

D'après nos supputations, on pourrait obtenir des pyrites de cuivre dans la partie explorée des filons (50 sagènes) 120 mètres, à la profondeur de 10 à 52 sagènes ($12^m,50$ à 60 mètres) seulement jusqu'à 300,000 pouds, 4,800 tonnes de cuivre métallique.

Le gisement du filon de Nicolski, d'après M. Joannès, est très riche et régulier (Rapport de M. Joannès de Sponville). Belt croit à la possibilité d'une extraction annuelle de 12,800 tonnes de cuivre argentifère et 3,200 tonnes de l'éclat de plomb aurifère et argentifère; il prend en considération sans doute toute la longueur du filon et la profondeur considérable d'extraction.

3. Mine de Stepanowski
(Plans et coupes.)

(Cu)

Les travaux ne sont distants que de 1 verste $\frac{1}{2}$ au nord de l'usine d'Alexandrowski. Le gisement contient principalement des *minerais de cuivre*. Parmi ces minerais dominent : les carbonates, les oxydes de cuivre, les bleu de cuivre et les pyrites cuivrés. Ce gisement est analogue aux gisements précédents, à cette différence près qu'on n'y rencontre point de plomb argentifère.

La direction du filon de porphyre est N. 45° O, sa chute N.-O. et sous l'angle 60°. L'épaisseur du filon dans l'étage supérieur est de 2 sagènes et demi (4^m,50); à l'étage inférieur elle est d'un demi sagène, 1^m,12.

Ce gisement est extrêmement important à cause de la pureté des minerais de cuivre et de sa grande quantité ; *la contenance moyenne* d'après *Joannès de Sponville* est : — 13° — 14° *de cuivre métallique.* Il est regrettable que l'état d'abandon dans lequel se trouvent ces mines ne m'ait permis de faire mes conclusions que d'après leurs produits et les plans des mines. Les travaux sur l'étendue du filon ne dépassent pas la longueur de 15 sagènes (34 mètres) ; l'épaisseur de filon est régulière partout dans cette étendue. Dans la partie supérieure du filon, les mineurs Tschioudis ont enlevé les malachites et l'extraction de Popoff (1861-67) se bornait à l'exploitation des minerais ocrés et ne dépassait pas les pyrites.

On voit d'après tous les indices que ce filon n'était exploité que dans un seul endroit, notamment près de la mine de Stepanofski, et que ce filon est très étendu et est partout identique dans sa composition.

Nous ne donnerons pas ici l'évaluation du minerai de ce gisement, mais nous pouvons dire qu'il est d'une *importance considérable.*

4. Kroupopa.

Cette mine a été fort peu exploitée et ne présente que de *simples tranchées* d'investigation.

Kroupopa se trouve à 33 verstes, 33 kilom., au **N.-O.** de l'usine d'Alexandrowski. Ce gisement, d'après la description de *Belt*, qui l'a examiné attentivement, est très étendu et très riche, de l'épaisseur de 9 pieds, et contient les carbonates bleu et vert, de cuivre avec une petite quantité de Cu noir ocré. Considérant que toutes ces matières

sont les produits de la décomposition des minerais sulfu-
riques, on peut affirmer qu'on rencontre à une certaine
profondeur *des pyrites*. Les échantillons des minerais
pris de différents endroits de ce filon donneront $13\,^{3}/_{4}°$ de
cuivre métallique.

Tels sont les principaux gisements connus des minerais de cuivre dans le voisinage de l'usine d'Alexandrofski. Mais, en considérant les conditions géognostiques
de ces gisements, on peut dire, avec certitude, que
nous sommes en présence de tout un système de fentes
remplies de minerais de cuivre et argent et de cuivre, et
qu'on n'a découvert que les gisements qui se sont dévoilés
eux-mêmes par leur riche contenance d'argent. Toute
cette masse des filons a une direction générale de N.-O.
(presque O.-O.) et se trouve ou dans les porphyres mêmes,
ou en contact avec les schistes cristallins ; mais, en
général, ils sont intimement liés aux porphyres, qui en
amenaient les combinaisons métalliques elles-mêmes, et qui
se trouvent comme imprégnations, au milieu de ces
roches de porphyre, répandues en abondance dans les
alentours de Bayan-Aôul.

DISTRICT DE KARKARALY

II. Groupe de Bogoslofski

L'usine principale de cette réunion est l'usine de Bogoslofski (fermée actuellement) ; c'est pourquoi toute cette
région minière porte le nom de région de Bogoslofski.
L'usine se trouve sur le nœud des montagnes qui s'éten-
dent dans la direction de l'est et du nord. Pour se faire
l'idée de la richesse des filons miniers de ce pays, contenant principalement *le cuivre* (quelquefois avec la pré-

dominance de Pb Ag ou Fe$_3$ O$_4$ et F$_2$ O$_3$), il faut dire que les filons de Bogoslofski ont été fouillés jusqu'à la profondeur de 25 sagènes (55 mètres), sans perdre de la richesse de ses minerais de pyrite de cuivre. Les minerais de plomb et de cuivre et les porphyres eux-mêmes contiennent Ag. Le porphyre de Bogoslofski contient jusqu'à 1/4 0/0 Ag imprégné dans des minerais ocrés.

1. *Karagdal* est éloigné de 75 verstes au S.-O. de Karkarali. Tous les alentours présentent des élévations de quartz et de porphyre au milieu des schistes argileux, chlorythes et siliceux et des roches de diorite. Les *filons de minerai* se trouvent en contact avec les porphyres. Les minerais de cuivre argentifère et les malachites étaient exploités déjà par les peuples Tschioudis. On a découvert dans ces contrées des galeries remplies de minerais de cuivre travaillés.

La direction du filon (comme celle de la chaîne des montagnes) de O. à O. sa chute N. = 50°; l'épaisseur du filon 4 archines. La roche du filon est le feldspath. Dans la partie supérieure du filon, domine l'éclat de plomb, donnant de 10 à 18 livres de plomb dans un poud de minerais et 2-3 onces Ag sur un poud de métal. La partie inférieure contient des minerais de cuivre (le vert de cuivre, le bleu de cuivre, le malachite) qui donnent de 5-8 livres de cuivre pur. L'épaisseur de la partie cuivrée est 2 1/2 archines. La longueur de la partie explorée est de *3 verstes*, 3 kilomètres et demi.

Dans la partie N. de la chaîne se trouve le filon de plomb. Considérant l'énorme étendue de ce filon et la transformation constante des minerais de cuivre ocrés à la profondeur de 10-13 sagènes (22 à 30 mètres), en pyrites de cuivre, ce gisement doit être considérée comme un des plus importants.

2. *Djaman-Kaitusch* se trouve à la même distance de Karkarali que le gisement précédent, et à 4 verstes (4 kilomètres
et demi) N.-O. de Karadjal. Les mineurs Tschioudis ont
mis ici à découvert le filon contenant du calcaire de l'aspect du sucre, fortement pénétré de minerais de cuivre
(malachite et oxyde noir). La direction du filon N. 20° O. ;
l'épaisseur de la partie minière du filon est de 7 pieds.
Les *échantillons donnent jusqu'à 20 0/0 de cuivre pur.* Ce
gisement mérite d'être attentivement exploré à cause de
sa richesse en cuivre.

Kent-Chékou se trouve à 35 verstes, 38 kilom. au S.-E. de
Karkarali. C'est ici l'emplacement des anciens travaux des
Tschioudis, occupant l'étendue de plus de 7 *verstes*, 8 kilom.
sur la crête des monts de Bogoslofski et consistant en
une série de galeries, où on trouve souvent des minerais
assortis, tout prêts pour la fonte, des creusets, etc. Ce
gisement de filons est composé d'un mélange de minerais
de fer, de cuivre et de plomb argentifère. Dans la partie in-
clinée du filon se trouve le porphyre rouge quartzeux ;
la roche elle-même du filon, consiste en un composé
d'aspect granitique, de feldspath, de quartz, de mica de
Venise. Dans la partie supérieure de cette masse se
trouvent : l'éclat de fer ($Fe_2 O^3$), l'aimant de fer ($Fe_3 O_4$),
$Pb_2 S$ (éclat de plomb), la malachite ($Cu C O^3$), l'oxyde
noir de cuivre ($Cu_2 O$). La direction du filon est du N. au
S. ; son inclinaison est vers l'O. L'épaisseur du filon est 3
à 4 sagènes (7 à 9 mètres). Les couches sont grandioses
et n'étaient travaillées que jusqu'aux minerais durs (pyrite
de cuivre).

Ce gisement énorme est important sous le rapport de
la liaison intime des minerais de cuivre avec les oxydes
de fer. Les minerais de cuivre métallique donnent *plus
de 30 0/0* et même, suivant *Belt*, jusqu'à 50 0/0 Cu.

Ce gisement se trouve près de *Kalmak-Tach*, il se compose de granit lamelleux traversé par *les filons de quartz* contenant jusqu'à la hauteur du niveau des eaux de la contrée, *le cuivre natif* (Cu) mélangé avec des oxydes et carbonates de cuivre. Ce gisement n'était pas encore exploré. Les environs montrent la présence de filons de *cuivre argentifere* en grande quantité. MM. Popoff ont eu même l'intention d'y fonder une usine. Cette contrée est prédestinée grâce à sa proximité de l'Irtysch, à jouer un rôle important dans l'industrie du cuivre. On peut établir ici un centre indépendant d'industrie minière, à cause de la proximité du basin houiller de *Kozyl-Taw* exploité déjà en partie par M. Popoff oncle. En considération de tous ces avantages, cette contrée doit être soumise à des investigations sérieuses.

CARACTÈRE GÉNÉRAL DES GISEMENTS DE MINERAIS

Tous les gisements de minerais que nous connaissons dans les monts des Kirghyss ont beaucoup de ressemblance entre eux quant à leur origine, et à leur formation, et avec les gisements des monts Altaï, qui sont celèbres par leur richesse en argent, en or, en plomb et en cuivre.

Dans la nature les gisements se présentent en forme de :

1° *Imprégnations* dans les roches, ces imprégnations ayant eu lieu à l'origine de la formation de ces roches ;

2° *Filons* ou fentes remplies des minerais après la formation de ces fentes, et même des roches constituant le revêtement des filons ;

3° *Couches* se trouvant entre les roches sédimentaires et schisteuses, et s'étant formées le plus souvent en même temps que celles-ci.

Il y a en outre, des formes transitoires. Dans ce dernier cas les masses des minerais présentent le plus souvent des *filons* réguliers, c'est-à-dire les fentes remplies *de haut en bas* par la dissolution des matières de minerais, et peut-être par la latéralsecrétion. Ce ne sont que les filons *de porphyres*, qui s'approchent le plus du type des imprégnations, ces filons auraient pu se former par infiltration d'en bas, après la formation de porphyre, ou auraient apparu simultanément avec lui. De la sorte nous voyons que les gisements des filons de cuivre des steppes des Kirghys sont des filons.

1° Inclus dans des roches de porphyre et qui sont incontestablement, d'origine volcanique.

Ou bien, 2° *Ils forment des filons de contact, de porphyre avec des schistes détruits et, dans ce cas l'amoncellement de minerais est dû à l'action plutonique.*

Mais quelle que fût l'origine des filons, ils auraient dû subir durant de longues périodes, les différentes transformations (la décomposition, la dissolution, l'éloignement et le dépôt secondaire), et les matériaux s'empreindre en général sur les roches latérales.

Les filons de contract se sont formés ici après les houillères, à l'époque mésozoïque, et sont disposés dans les schistes cristallins, parmi lesquels plusieurs appartiennent aux périodes mésozoïques et les autres aux formations silurienne, dévonienne, et sans doute à la formation houillère. Les filons de minerais se trouvent constamment dans un certain rapport générique avec les porphyres, et moins souvent avec les diorites, lesquels fournissaient évidemment la matière minière. En général, d'après Cotta (*Der Altaï*, 1871), à Fribourg (Suisse), les filons miniers sont aussi très liés avec le porphyre; Dans l'Altaï, ils se lient avec les porphyres et les roches vertes pétroïdes.

La direction dominante des filons correspond à celle des chaînes de montagne : il y a des filons se dirigeant de l'ouest au nord et du nord au sud, de même que sur l'Altaï.

La roche des filons se compose principalement de la masse de porphyre ou de cornéenne, quelquefois de quartz, de spath calcaire et de *métaux sulfureux*. Ces derniers à la sortie des filons, se transforment en vertu des décompositions chimiques ultérieures en *minerais ocrés*. Les filons d'ici sont généralement *polimétalliques*, représentant un mélange compliqué de : Cu, Pb, Arg, Au, Sb, Bi et autres, mais avec la prédominance de l'un ou de l'autre de ces métaux et principalement du cuivre.

Voici les filons qui se rencontrent dans les steppes des Kirghyss.

1. *Minerais de cuivre sulfureux* Cu_2 S. (Chomkozin du système rhomboïdal 79_8 0/0 Cu).

2. *Minerais de cuivre pyriteux* Cu $+$ Fe S. (Chalokopyrite système tétragonal 34 0/0 Cu).

3. *Cuivre panaché* Cu FS_3 (Système régulier 55 0/0 Cu).

4. *Cuivre gris* 4 (Cu_2 S, Fr. S, ZnS, AgS, HgS)$+$(M SbS, A, S_3) (Falierz tetraédrit 48 0/0 Cu).

5. *Cuivre oxydé rouge* Cu_2 O, (système régulier 88 0/0 Cu)

6. *Cuivre oxydé noir* (Cu_2 Oy $+$ H_2O.)

7. *Cuivre carbonaté vert* Cu Cu CO^2 $+$ H O. (71 0/0 Cu) système monoclinic.

8. *Cuivre carbonaté bleu* (compacte).

9. *Vert de cuivre* (Cu Si O$^3_+$ 2 aq)
10. *Bleu de cuivre* (Cu Si O$^3_+$ 2 aq) (non critallisé compacte)

Outre ces minerais de cuivre il y a :

11. *Galène* PbS système régulier.
12. *Fer oligistique* Fe$_2$O$_5$ id.
13. *Fer magnétique* Fe$_3$O$_4$ id.
14. *Sulfate de fer* Fe S$_3$ id.

L'argent et *l'or* se trouvent intimement liés à tous ces minerais.

La ressemblance des gisements des minerais entre eux et avec les gisements de l'Altaï, s'étend aussi aux gisements des steppes des Kirghyzs. Tous ces gisements présentent dans leurs parties supérieures l'excès de galène argentifère, et les minerais ocrés de cuivre argentifère, dans les parties inférieures, celui des pyrites de cuivre principalement. Tous les minerais sont *aurifères*.

Suivant *Bernhardt Cotta* (*Altaï*, 320) la contenance moyenne des minerais d'Altaï (mine Syransk) était :

Arg (argent). 0.0678
Au (or). 0.0002
Cuivre (Cu). 8.98
Plomb (Pb). 23.00
Zinc (Zn). 26.57

Les mines de Nicolaïjèfski présentaient le résultat suivant :

a) Les minerais de cuivre ont donné Cu.. 12 1/2 0/0

b) Les minerais du plomb ont donné { Pb.. 15 0/0 ; Arg. 0.042 ; Au . 0.000 12

Toute la différence ne consiste donc que dans l'absence des combinaisons de zinc et de la moindre quantité de Arg et Au que contiennent ces minerais.

Cette ressemblance est très importante; nous pouvons, grâce à elle et à une grande quantité de similitudes entre les gisements des steppes de Kirghyzs et ceux des monts Altaï, tirer des conclusions sur la qualité et les richesses des mines dont nous nous occupons. Or, et après les investigations de B. Cotta, célèbre professeur de l'Académie des mines de Fribourg, les filons miniers de l'Altaï sont travaillés jusqu'à plus de 100 sagènes de profondeur (225 mètres) et les pyrites de cuivre sont encore loin d'être épuisés. Dans les mines de Bogoslofski, de Samanbetsk du district de Karkaralinsk, les fouilles n'ont pas dépassé la profondeur de 25 sagènes (55 mètres) et tout le temps les pyrites de cuivre dominent parmi les minerais. Dans les usines de Nicolaïjefski et d'Alexandrowski, les fouilles ont été jusqu'à 13 sagènes de profondeur (28 mètres) et on a déjà atteint le pyrite de cuivre. Il est évident que l'analogie de la composition des filons et des conditions géognostiques des couches *doit servir de garantie pour la valeur des gisements de minerais des filons des groupes d'Alexandrovski et de Bogoslofski, et par conséquent de l'avantage de l'exploitation.*

HOUILLE

Il faut remarquer que presque toutes les vallées de ces montagnes contiennent, outre les gisements miniers, *des dépôts de houille.* La présence de la houille est constatée actuellement sur toute l'étendue du district de Pawlograd et dans la partie est du district d'Akmolinsk. Les sondages fort peu étendus dans le district de Karkaralinsk ont démontré la présence de houillères (Aktasch, Duhamel, etc.). Les houillères les plus remarquables du groupe d'Alexandrovski sont : *Mdou-Kouben* et *Nicolskoijè* qui ont été exploitées. Près de *Kou-Ou* on extrait la houille du bassin *Kyzyl-Tâou*. Dans le district d'Akmolinsk appartiennent à M. Popoff les bassins houillers : *Essen-Geldy* et *Dèrmjnn-Tâou*, qui sont peu connus et peu explorés.

L'étude des échantillons de la houillère Djèrmann-Tâou a montré la présence de *charbon à gaz* (cannel-coal). Les résultats de l'exploration sont les suivants :

Sur la concession qui se trouve entre les chaînes de Djèrmann-Tâou et la rivière Oulenta, de 2,500,000 sagènes carrées (10 millions de mètres carrés), il a été creusé quelques puits d'essai, et on a constaté qu'ici comme ailleurs les porphyres furent la cause, du soulèvement des couches de houille disposées au milieu des argiles schisteux. L'épaisseur n'a pu être encore déterminée exactement, mais elle doit être suffisante pour une exploitation. Le charbon à gaz donne une longue flamme. Ce gisement a besoin d'être exploré.

MAOUL-KOUBEN *(Coupes)*

La vallée de Mâoul-Kouben à 18 verstes (19 kilomètres) au nord-ouest de l'usine d'Alexandrowski; elle est recouverte de vestiges d'anciens lacs salés. C'est une véritable formation houillère amenée à la surface par les porphyres. Le bas-fond se compose de schistes cristallins et de granit lamelleux. Ce gisement se trouve à proximité immédiate de l'usine de *Nikolski* (près Alka-Sor) et *Karagandy* vers le sud-est (de Riazanoff). Les couches de houille sont assises ici sur des grés psommitiques, contenant des restes de plantes (calamites approximatus et autres)

des argiles schisteux, et des schistes argileux.. Quelques
rares roches calcaires contiennent les coquilles caractéris-
tiques de l'époque houillère *(spirififer trigonalis* et *Orti-
sina arachnoïda)*. Ce sont des faits qui prouvent suffi-
samment que ce gisement fait partie de la formation
houillère. A en juger d'après la structure lamelleuse de
cette houille, elle doit produire 65 0/0 et plus de carbone;
elle brûle à longue flamme jaune et peut servir surtout à
la production du *coke*. Les fouilles pratiquées jusqu'à la
profondeur de 15 sagènes (33 mètres) ont conduit aux
résultats suivants :

Les couches houillères suivent la même direction que
les roches avoisinantes du N.-O. à 60° O.; l'inclinaison perceptible est très faible au N.-O. On a rencontré
ici plusieurs couches de houille et trois d'entre elles
méritent une attention toute particulière, aussi bien par
leur épaisseur que par l'excellence de leur qualité. La
coupe du gisement, de haut en bas, présente :

1° Alluvion ;

2° Argile schisteux ;

3° Couche *de houille* (n° 1), épaisseur 1 archine ($0^m,67$) ;

4° Argile schisteux ;

5° Couche *de houille* (n° 2), épaisseur 1 archine 1/2
(1 mètre) ;

6° Argile schisteux entrecoupé de houille;

7° La houille (n° 3), épaisseur 2 archines ($1^m,40$) ;

8° Grès avec le feldspath et le ciment décomposé contenant des débris de calamites et autres plantes de
l'époque houillère ;

9° Porphyre qui a soulevé les couches.

On peut voir par cette coupe, que nous nous trouvons
ici en présence de *trois* couches de houille de bonne qua-

lité, *d'une épaisseur totale de 3 mètres* environ, et dans des conditions d'extraction très favorables. La houille en est déjà extraite et a été employée (aussi bien que la houille provenant de houillère de Nicolaïewski) à l'usine d'A-lexandrovski pour la fonte du cuivre. Un poud (16 kilog.) de houille coûte 2 copecks, son transport, 1 1/2, 2 copecks par poud. L'analyse chimique de la houille faite dans le laboratoire de l'Administration des mines, a constaté 50 1/2 0/0 de carbone, 42.10 0/0 de matières volatiles et 1.40 0/0 de cendres. Il ne faut pas oublier que les travaux se faisaient par tranchées, sur la profondeur de 12 sagènes (27 mètres) seulement; les travaux qui se font actuellement dans la vallée doivent fournir de la *houille entièrement pure et du meilleur aloi.* Toutes les couches peuvent être extraites simultanément. MM. Popoff sont propriétaires d'une superficie énorme de 5,625,000 sagènes carrées (28,125,000 mètres carrés). On a découvert actuellement la continuation de ces couches à 4 verstes (5 kilomètres) plus près de l'usine d'Alexandrovski.

NIKOLSKOIJÈ (Karadjiry, Rijndy)

Se trouve près de *Alka-Sor* à 85 ou 90 verses (90 à 100 kilomètres) de l'usine d'Alexandrovski, vers le nord-ouest. Cette concession appartient à M. Popoff et mesure 3,000,000 sagènes carrées (15,000,000 mètres carrés de superficie.) On a découvert ici deux couches *d'anthracite* un milieu des schistes et du calcaire carbonifère. Les roches environnantes ont leur inclinaison nord-ouest sous l'angle 35° à 38°. *L'épaisseur des couches d'anthracite est de 2 à 5 sagènes* (4ᵐ,50 à 12 mètres). D'après l'analyse du laboratoire des mines, il a donné : carbone 74 0/0, matières volatiles 14 0/0 , cendres 12 0/0. L'extraction d'un poud (16 kilogrammes) coûte 1 1/2 à 2 copecks, le transport à l'usine d'Alexandrowski, 5 à 6 copecks. L'essai fait à l'usine a prouvé qu'il donne une chaleur très forte.

Les *houillères* du bassin de *Kyzyl-Taw* sont d'une grande importance pour les usines du sud du district de Karkaralinsk. Ces houillères se trouvent au milieu des calcaires et des schistes argileux, contenant des *Orthis*, et appartenant à la formation houillère. La houille est très dure, sa surface est moirée, sa soudure est rhomboédrique ; elle a de l'analogie avec la meilleure qualité de houille du Don (de la mine de Golouboff) ; elle produit d'excellent coke, très dur.

On voit sur la carte géognostique ci-jointe que la formation houillère occupe une immense superficie, entre l'Oural et l'Irtysch, en la partie sud du district de Pawlograd et presque entièrement le district de Karkaralinsk.

Dans cette superficie le porphyre a soulevé les dépôts de houille en les déchirant. Ces gisements ne constituent point des bassins isolés, mais au contraire, ils font partie d'un bassin houiller immense dont les limites sont dans l'Altaï à l'est et dans l'Oural à l'ouest. La science géologique aussi bien que l'expérience nous montrent que la mer houillère de la Sibérie occidentale communiquait près du sud de l'Oural avec la mer houillère immense de la Russie d'Europe. De là vient, par exemple, la ressemblance des formations houillères de l'Altaï et des steppes des Kirghyzs, avec les formations houillères du Don. Cette conclusion, basée sur les données scientifiques incontestables, nous donne le droit de dire *que sur toute la superficie des districts de Karkaralinsk et Pawdlodarsk*, dans les vallées, se trouvent *des gisements houillers*.

Après avoir étudié les échantillons de houille provenant de différents points, et les gisements houillers eux-mêmes, nous pouvons dire qu'en général les propriétés naturelles de la houille changent à mesure que nous nous éloignons de l'ouest à l'est. Ainsi dans la partie orientale du district d'Akmolinsk, à *Djermann-Tâou*, la houille se rapproche complètement du *cannel coal (candle-coal)*, houille à longue flamme; à *Mâoul-Kouben* elle est lamelleuse flamboyante, se transformant en coke dans les couches inférieures; à Nicolaïjefski et Djemak-Tâou c'est de *l'anthracite* et du *demi-anthracite* et à *Gratshi* (sur l'Irtysch) elle forme *l'anthracite pur*. Ce changement des propriétés de la houille se fait-il dans les limites des mêmes couches, ou bien serait-il dû à ce que du côté occidental se montreraient seulement les couches houillères supérieures, et à l'Irtysch (côte orientale) les couches inférieures? Cette question ne saurait être résolue que par des investigations ultérieures.

La houille de la partie occidentale, le long des rivières Oulenta et Tschaiderta se trouve parmi des roches qui contiennent les mêmes fossiles que l'étage du milieu du bassin de Donetz et l'étage supérieur de l'Oural occidental. Faute de temps, nous n'avons pas pu étudier les gisements d'anthracite sur l'Irtysch.

V

Conditions d'exploitation des minerais de cuivre et de plomb dans la Sibérie occidentale.

Nous devons examiner ici les éléments dont dépend le prix des produits ; *A*) matériel de construction ; *B*) Chauffage ; *C*) main-d'œuvre ; *D*) extraction des minerais, leur transformation et leur transport. En connaissant ces éléments on peut déterminer le prix de revient.

A. MATÉRIEL DE CONSTRUCTION. — Le domaine S.-N. Popoff possède dans la Sibérie occidentale une superficie énorme d'immenses forêts vierges, consistant principalement en pins, près de la ville de Tara et de la rivière navigable Ouï qui se jette dans l'Irtysch. Cette superficie est de 143,000,000 sagènes carrées (72,000 hectares environ).

Il va de soi que le bois en question peut être amené par la voie navigable à Pawlodar, à très bas prix. Outre cela MM. Popoff ont à leur disposition les forêts près *Bayan-Aoul* et Karkaraly d'où on leur amène des poutres de 9 archines (6 mètres) de longueur sur 4 à 5 werschoes (5 à 6 décimètres) de diamètre, à 30 copecks par pièce, les Kirghyzs n'estimant que la coupe et le transport. (1)

Les porphyres peuvent aussi servir de matériaux de construction, parce qu'il s'en trouve qui ont la forme de plaques. 1,000 briques non cuites prises sur place, coûtent 2 roubles (5 fr. 50 c.). Pour la fabrication des briques *réfractaires*, les matériaux doivent être partiellement amenés dans l'usine d'Alexandrovski. L'argile

---

(1) Une loi de l'Empire russe, insérée au Code des mines, donne à S. Popoff et ses descendants ou ayant-droit, le privilège exclusif de prendre dans les forêts de l'Erat, tout le bois dont ils auront besoin pour l'usage de leurs mines ou usines minières.

réfractaire d'une bonne qualité arrive des environs d'Alka-Sora, sur l'Irtysch, vis-à-vis de la station *Akbiaji.* Elle revient, amenée à l'usine par petites quantités, à 10 copecks (24 c.) le poud (16 kilog.). Le quartz, qui se trouve dans le voisinage revient à 2 copecks le poud, transport compris. 1,000 briques réfractaires reviennent de 5 r. 50 c. à 6 roubles (15 francs à 16 fr. 50 c.) Le graphite nécessaire pour le revêtement intérieur des hauts-fourneaux pendant la fonte, vient *Sary-Tougoumbaï* et revient. à 15 cop., 12 c. le poud. Pour fondant on se sert de la pierre calcaire qui se trouve à côté de l'usine même; un sagène cube de chaux (25 mètres cubes) réduite en petits morceaux et rendue à l'usine revient à 10 roubles (27 fr. 50 c.) ou bien 1 copeck par poud (16 kil.) Pour la transformation de la pierre calcaire en chaux on se sert du charbon.

B. CoMBUSTIBLE. — La *houille* et l'*anthracite* doivent servir de combustible; on peut l'extraire, outre les gisements décrits, dans toutes les vallées de la superficie des districts mentionnés. Parmi les gisements exploités mentionnons celui de *Mâoul-Kouben* qui fournit d'excellente houille et qui revient à l'usine d'Alexandrovski à 5 cop. le poud (9 fr. 25 c. la tonne). L'anthracite du gisement de Nicolski coûte, rendue à l'usine, 7 copecks 1/2 par poud (14 francs la tonne). Ces chiffres sont importants en présence d'une exploitation imparfaite de la houille et de sa petite quantité, mais avec une exploitation sur une grande échelle, la houille et l'anthracite peuvent revenir incomparablement meilleur marché. Ainsi, par exemple, si on profitait du retour des charretiers menant le cuivre à Pawlodar, le transport de l'anthracite de Nicolski (90 verstes, 100 kilom. environ) reviendrait à 5 copecks au lieu de 6. Le prix de son extraction en considérant son énorme épaisseur de 5 sagènes (12 mètres, pourra tomber de 2 copecks à 1 copeck 1/2 par poud.

C. MAIN-D'ŒUVRE. — Le contingent principal *des ouvriers* est fourni par les *Kirghyzs*, qui, quoique peuple nomade, mais après quarante ans de travaux aux usines Popoff, ont pris goût à ce travail. Il s'est formé ici une colonie particulière à *Bayan-Aoul*, composée en partie de Cosaques, mais principalement des Kirghizs *djemaks*, fruit de l'activité et de la persévérance des Popoff. La station militaire a pris la dimension d'une ville et l'est en effet (*Karkaraly*) ; elle est habitée par les *djemaks*, (Kirghyzs sédentaires).

L'expérience a prouvé que es Kirghyzs sont de bons ouvriers, robustes et sobres (ils sont musulmans), très endurants ; avec tout cela apprenant vite le métier, et propres aussi bien pour les travaux des mines que pour ceux des usines. Leur nombre dans les deux districts, dépasse 300,000 hommes.

L'ouvrier ordinaire reçoit de 3 à 5 roubles par mois (9 à 15 francs), il est nourri par le patron (2 pouds de farine de seigle (80 copecks) et 30 livres de viande (30 copecks, ensemble 1 rouble environ, ou 3 francs). Les fondeurs sont des ouvriers russes des usines de Taguilsk et d'Alexandrowski. Le contre-maître principal reçoit par mois 25 roubles (68 fr. 75 c.); il a en outre 1 poud de viande (40 copecks) et 2 pouds de pain, 80 copecks, en tout : 25 roubles 20 copeck par mois, ou 75 francs environ. Les autres contre-maîtres russes ont par mois de 8 à 12 roubles (24 à 36 francs) : ce bas prix provient du bon marché des produits de première nécessité (1) d'une part, et de l'absence de concurrence d'autre part.

---

(1) Voici l'aperçu de quelques prix. Un poud de viande est de 40 à

D. EXTRACTION DES MINERAIS, LEUR FONTE ET LE PRIX DE REVIENT D'UN POUD (*16 kilog.*)

Th. Belt estime qu'un poud de minerai de Nicolai-jèfski coûtera sur place . . . . 3 cop.

Transport jusqu'à l'usine d'Alexandrowski . . 1

A l'usine . . . . . . 4 cop.

Pour un poud de cuivre il faut employer 5 pouds (enrichis par le triage à 20 0/0) de minerai, donc = 20 cop. En admettant que la fonte ne laisse rien à désirer, Belt estime le prix de revient d'un poud de cuivre à l'usine d'Alexandrowski à 4 roubles. Mais n'oublions pas qu'on extrait en même temps l'or (Au) et l'argent (Ag), ce qui, suivant Belt, revient à 8 cop. par poud de métal. Le *transport* du métal sur le marché de Nijni-Nowgorod et Moscou reviendra, d'après les conditions actuelles :

De l'usine à Pawlodar (150 verstes) par route, un poud . . . . 10 cop.

De Pawlodar à Tioumen par les remorqueurs loués 20

De Tioumen à Jekaterinbourg par route. . 20

De Jekaterinbourg à Perm par chemin de fer 17

De Perm à Nijni-Nowgorod par les bateaux à vapeur 15

82 cop.

De Nijni-Nowgorod à Moscou par chemin de fer 12

Autres frais 6

TOTAL. . . . . . . 100 cop.

ou un rouble.

---

80 copecks; pommes de terre, un poud 8 copecks; 100 têtes de choux, 3 copecks; pain de seigle, un poud 25 à 30 copecks; pain de froment, le poud, 40 copecks; un poud de sel, 2 copecks. Le kopeck vaut environ 0 fr. 03 c.

Le transport jusqu'à Moscou d'un poud de cuivre, 1 rouble valant actuellement 2 fr. 75 c.

Le fleuve Irtysch est navigable durant sept mois de Pawlodar à Tobolsk. On construit actuellement le chemin de fer directement de Nijni-Nowgorod (par Kazan et Jekaterinbourg) à Tioumen. De sorte qu'il y aura deux voies : une par Perm, l'autre par Kazan. Le transport en chemin de fer par Kazan diminuera les frais de transport de 20 cop. par poud.

L'opinion la plus rationnelle sur l'exploitation minière dans les steppes des Kyrghizs a été exprimé par M. *B. Meissonnier*. Il affirme que l'exploitation la plus avantageuse de toutes, serait celle des minerais de *cuivre* de Nicolaijewski et de Kroupopa dans le district d'Alexandrowski. Il conseille de profiter de l'or et de l'argent que contiennent les minerais de cuivre pour la diminution du prix de revient du cuivre ; et après avoir cité les calculs de Belt concernant l'exploitation du cuivre, il fait le calcul suivant :

Frais et produits d'une fabricaiion de 4,000 tonnes de cuivre.

Entretien, transport et traitement (triage, grillage et fusion) de 32,000 tonnes de minerais au rendement de 12 1/2 0/0, à raison de 3 liv. st., 2 sch., 5 den. par tonne ; . . . . .L. 100.000

Fret à Pétersbourg de 4,000 tonnes de cuivre à raison de 9 liv. st. 5 sch. 0 denier 37.000

Frais généraux. 22.000

Total du prix de revient L. 159.000   3.981.250 francs

4.

Report...L.   159.000   3 981.250 francs

Prix de vente de 4,000 tonnes de cuivre à raison de 91 liv. st. (15 roubles poud)   364.000   9.100.000   »

Net produit L.   204.000   5.118.750 francs

Il ajoute que si on employait dans de semblables conditions 200,000 liv. st. pour le développement des mines et la construction des usines, on pourrait faire une opération de premier ordre.

Quant à mon opinion personnelle, je peux affirmer en me basant sur l'examen géognostique des mines, sur la qualité des minerais et sur l'étude des conditions d'exploitation, *que l'industrie de cuivre dans les steppes, vu la richesse des gisements de cuivre, doit être une des premières de la Russie.* Seulement dois-je faire une restriction concernant la manière d'opérer. L'exploitation doit se développer graduellement en s'appuyant constamment sur des données incontestables. *Après avoir constaté une certaine provision des minerais de cuivre,* avec un tènement donné *de 0/0 de cuivre,* dans un ou plusieurs centres, on peut créer une entreprise métallurgique plus ou moins grande. En conséquence, nous recommanderons :

1° Remettre, pour commencer, en activité l'usine d'Alexandrowski ;

2° Etudier sérieusement les alentours, en faisant attention particulièrement à Kroupopa ;

3° Explorer soigneusement Mâoul-Kouben, Nikolskoijè et les gisements de houille et d'anthracite qui se trouvent le plus près de l'usine d'Alexandrowski ;

4° Passer ensuite aux recherches des minerais dans les

environs de l'usine de Bogoslowski, qui doit constituer le second centre des usines ;

5° Afin d'assurer le combustible à ce nouveau centre d'usines, il faudra rechercher les houillères dans ses alentours ;

6° Etudier et explorer *Kou-Ou* par rapport aux minerais de cuivre et à la houille. M. Joannès croit (et je souscris à son opinion) que cette contrée doit constituer un centre géologique indépendant.

Donc, si on se bornait pour commencer à fondre par année 30,000 pouds (480 tonnes) de cuivre, et d'extraire 240,000 pouds (3,840 tonnes) de minerais de cuivre de tènement moyen de 12 0/0 Cu, nous aurions pour prix de revient d'un poud :

1° FRAIS PROPORTIONNELS (spéciaux) :

D'extraction
De fusion
} 3 roubles.

2° TRANSPORT : 1 rouble.

3° FRAIS FIXES (généraux) :

L'administration
Frais divers
Frais de voyage
} 3 roub. 75 c.

Total du prix de revient d'un poud de cuivre :

7 r. 75 c. ou 1,386 francs la tonne.

Le prix courant à *Nijni-Nowgorod* (à la foire 1er août—1er septembre), 12 roubles ; à *Moscou*, 15 roubles.

Le bénéfice net, en vendant au prix de 13 r. 50 c., serait *5 r. 75 c.*

Pour justifier mon dire, voici les chiffres de plusieurs fonderies de cuivre en Russie.

1. La fonderie de Mme *Riazanoff* extrait par an à l'usine

Spassk du district d'Akmolinsk (300 verstes de l'usine d'Alexandrowski) plus de 30,000 pouds de cuivre raffiné, qui est voituré jusqu'à Tioumen (où il est vendu), c'est-à-dire parcourt la distance de 1,000 verstes en voiture sur routes. Le prix de revient est de 7 roubles le poud, qu'ils vendent à 10 roubles le poud. Bénéfice net 3 roubles. L'exploitation se fait de la manière la plus primitive et dans des conditions qui sont bien moins favorables que chez Popoff. La mine est éloignée de 150 verstes de l'usine et la houille de 60, et on est obligé de transporter le produit en voiture à la distance de 1,000 verstes. La fonte a lieu avec de la houille humide et dans des fourneaux bas, les minerais contenant 13 0/0 Cu, principalement *les pyrites de cuivre*, qu'on est obligé d'extraire à la profondeur de 20 sagènes (45 mètres).

2. C'est dans l'Oural, à Taguilsk que l'usine Demidoff produit le cuivre. C'est le *filon de cuivre* qui est en exploitation ; il est disposé dans la pierre calcaire silurienne fortement métamorphosé (avec Pentamerus) et qui est en contact avec le diorite et le schiste talqueux. Le filon est exploité sur la longueur de 200 sagènes (450 mètres) et dans la profondeur à 85 sagènes (180 mètres). Les minerais sont : malachite, oxyde noir de cuivre, pyrite de cuivre.

Les minerais, fort riches auparavant, ne contiennent actuellement que 3 0/0. L'administration espère que sur une profondeur plus considérable on rencontrera de nouveau de riches pyrites. Le gisement se trouve à proximité de la montagne d'aimant Wysokaïjà. Sur le haut du filon sont des minerais ocrés, dans le bas se trouvent les minerais sulfureux. Le cuivre est fondu dans une usine bien organisée (le directeur est l'ingénieur des mines, M. Mayer), en quantité de 45,000 pouds par an (600 tonnes par an environ).

Cette quantité est bien inférieure à celle des premiers temps. L'usine vend le cuivre à Nijni-Nowgorod à raison de 13 roub. 50 cop. le poud.

3. L'usine de Bogoslofski se trouve également dans l'Oural et fond des minerais de 2 0/0 Cu, en se servant de charbon de bois comme combustible, de même que l'usine de Taguilsk de Demidoff. Il paraît que cette usine est abandonnée.

4. Dans le sud de la Russie on trouve dans le gouvernement de Jekaterinoslaw, sur la rivière Lougan, l'usine appelée *usine Joujno-Rousski* de cuivre. Ici on se contente de fondre les minerais de cuivre imprégnés dans la pierre calcaire permienne. L'épaisseur des couches minérales n'est que de 4 à 8 werschoes (5 à 10 décimètres). Les minerais sont : le bleu de cuivre et le vert de cuivre en bourgeons et en grains; ces minerais ne contiennent que 2 à 2 1/2 de cuivre métallique. On y emploie le coke comme combustible.

Suivant la confidence de l'ex-directeur de cette usine, l'ingénieur des mines, M. Belôussoff, l'établissement n'est pas sûr de la suffisance des minerais, et en général les couches minières ne sont pas explorées. Et quand même ces explorations auraient été faites, le peu de valeur des minerais et le prix de revient (12 roub. 1 poud) ne permettront jamais la prospérité de cette usine.

De cette comparaison, on voit que les minerais de cuivre se rencontrent en Russie :

1. Dans les roches sédimentaires de la formation per-

mienne les plus pauvres de tous, 2 à 3 0/0 Cu. (Gouvernements de Perm et de Jekaterinoslaw.)

2. Parmi les roches cristallines dans *les filons de contact ;* ceux-là sont les plus riches (gisement de Taguilsk sur l'Oural, profondeur de 85 sagènes ; les mines de l'Altaï, profondeur jusqu'à 120 sagènes et les mines des Kirghyzs ayant en profondeur jusqu'à 25 sagènes (56 mètres) ; elles contiennent de 10 à 30 0/0 Cu.

Sous le rapport commercial on voit, que les usines de Russie d'Europe, les unes (comme, par exemple, l'usine de Taguilsk de MM. Demidoff) ne peuvent vendre à Nijni-Nowgorod un poud de cuivre au-dessous de 13 roubles 50 cop. (40 francs environ), et aux autres usines, comme celle de Joujno-Rousski, le poud coûte 12 roubles. Il s'en suit que pour répondre aux besoins de la Russie *seulement* à un prix raisonnable, (par exemple 12 roubles pour Nijni-Nowgorod et 12 roubles et quelques copecks pour Moscou), il faut organiser sérieusement la fonte du cuivre dans les steppes des Kirghyzs de la Sibérie occidentale.

Le Géologue,

ALEXANDRE GOUROFF.

16 octobre 1879
Charkow.

IMPRIMERIE CENTRALE DES CHEMINS DE FER, A. CHAIX ET Cⁱᵉ,
RUE BERGÈRE, 20. — 24150-9.

9 782019 723736